T0004768

CRIPTOLOGÍA
CÓDIGOS Y
CIFRADOS CLÁSICOS

RACHAEL L. THOMAS

ediciones Lerner ◆ Mineápolis

Traducción al español: copyright © 2023 por Lerner Publishing Group, Inc.
Título original: *Classic Codes and Ciphers*
Texto: copyright © 2022 por Lerner Publishing Group, Inc.
La traducción al español fue realizada por Zab Translation.

Todos los derechos reservados. Protegido por las leyes internacionales de derecho de autor. Se prohíbe la reproducción, el almacenamiento en sistemas de recuperación de información y la transmisión de este libro, ya sea de manera total o parcial, por cualquier medio o procedimiento, ya sea electrónico, mecánico, de fotocopiado, de grabación o de otro tipo, sin la previa autorización por escrito de Lerner Publishing Group, Inc., exceptuando la inclusión de citas breves en una reseña con reconocimiento de la fuente.

ediciones Lerner
Una división de Lerner Publishing Group, Inc.
241 First Avenue North
Mineápolis, MN 55401, EE. UU.

Si desea averiguar acerca de niveles de lectura y para obtener más información, favor consultar este título en www.lernerbooks.com.

Fuente del texto del cuerpo principal: Aptifer Sans LT Pro.
Fuente proporcionada por Linotype.

Las imágenes de este libro cuentan con el permiso de: © mountainpix/Shutterstock Images, pp. 3, 10; © ilbusca/Getty Images, pp. 4–5; © Anatolii Mazhora/Shutterstock Images, p. 6; © andresr/Getty Images, p. 7; © Royal Geographical Society/Getty Images, pp. 8–9; © DEA/G. DAGLI ORTI/Getty Images, p. 11; © ZKH/Shutterstock Images, p. 12; © Hulton Archive/Getty Images, p. 13; © Bettmann/Getty Images, p. 14; © Lerner Vadim/Shutterstock Images, p. 15; © Laborant/Shutterstock Images, pp. 16–17; © Rischgitz/Getty Images, p. 18; © Grafissimo/Getty Images, p. 19; © Everett Collection/Shutterstock Images, pp. 20, 25; © UniversalImagesGroup/Getty Images, p. 21; © Encyclopaedia Britannica/Getty Images, p. 22; © Razvy/Shutterstock Images, p. 23; © mark higgins/Shutterstock Images, p. 26; © Heritage Images/Getty Images, p. 27; © gorodenkoff/Getty Images, p. 28; © Mighty Media, Inc., p. 29 (todo). Elementos de diseño: © AF-studio/Getty Images; © 4khz/Getty Images; © non-exclusive/Getty Images

Portada: © National Security Agency

Library of Congress Cataloging-in-Publication Data
Names: Thomas, Rachael L., author.
Title: Códigos y cifrados clásicos / Rachael L. Thomas.
Other titles: Classic codes and ciphers. Spanish
Description: Mineápolis : Ediciones Lerner, [2023] | Series: Criptología (alternator books en español) | "La traducción al español fue realizada por Zab Translation"—Title page verso. | Includes index. | Audience: Ages 8–12 | Audience: Grades 4–6 | Summary: "Cryptology is the art and science of secret communication, and its purpose is to protect precious information and keep people safe. Learn about its building blocks: ciphers, codes, and keys. Now in Spanish!"— Provided by publisher.
Identifiers: LCCN 2022014969 (print) | LCCN 2022014970 (ebook) | ISBN 9781728477220 (library binding) | ISBN 9781728478012 (paperback) | ISBN 9781728479651 (ebook)
Subjects: LCSH: Cryptography—Juvenile literature. | Ciphers—Juvenile literature.
Classification: LCC Z103.3 .T4718 2023 (print) | LCC Z103.3 (ebook) | DDC 652/.8—dc23/eng/20220401

LC record available at https://lccn.loc.gov/2022014969
LC ebook record available at https://lccn.loc.gov/2022014970

Fabricado en los Estados Unidos de América
1-52358-50715-5/3/2022

CONTENIDO

INTRODUCCIÓN

Corría el año 1586 y el criptólogo Thomas Phelippes se afanaba por estudiar cartas codificadas. Las cartas habían sido robadas a María, reina de Escocia. María había sido prisionera de su prima, la reina Isabel I, durante 19 años.

Phelippes contemplaba los extraños símbolos que cubrían el pergamino en busca de patrones. Algunos símbolos aparecían con más frecuencia que otros. Y había muchos más símbolos que letras en el alfabeto. Phelippes sospechaba que algunos símbolos representaban palabras o frases.

Phelippes utilizó una técnica especial de criptología para descifrar las cartas codificadas. Lo que encontró fue impactante. ¡Las cartas revelaban planes para invadir Inglaterra y derrocar a la reina! Phelippes se apresuró a informar a la reina Isabel sobre los planes de María y cambió así el curso de la historia.

La reina Isabel I

María, reina de Escocia

¿QUÉ ES LA CRIPTOLOGÍA?

La criptología es la ciencia de la comunicación secreta. Durante miles de años, soldados, prisioneros, diplomáticos y otros han utilizado la criptografía para proteger información importante.

La criptología puede dividirse en dos partes: criptografía y criptoanálisis. La criptografía es la práctica de codificar o cifrar un mensaje para que su significado quede oculto. El criptoanálisis es la práctica de decodificar o descifrar el significado oculto de un mensaje.

El arte de la criptología ha crecido y se ha desarrollado con el tiempo. A medida que los criptólogos crean códigos y claves más fuertes, otros se enfrentan al reto de descifrarlos. Las nuevas tecnologías han hecho que la criptología sea aún más compleja. Pero pase lo que pase, el objetivo de la criptología sigue siendo proteger la información más valiosa.

La palabra *criptología* viene del griego *kryptos*, que significa "secreto" u "oculto".

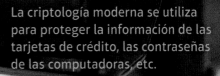

La criptología moderna se utiliza para proteger la información de las tarjetas de crédito, las contraseñas de las computadoras, etc.

BAND : SOUTH COL UNTENAB

BOURDILLON : LHOTSE FACE IMPOSSI

EVANS : RIDGE CAMP UNTENA

GREGORY : WITHDRAWAL TO WEST

HILLARY : ADVANCE BASE ABAND

HUNT : CAMP FIVE ABANDONE

LOWE : CAMP SIX ABANDONE

NOYCE : CAMP SEVEN ABANDON

TENSING : AWAITING IMPROVEMENT

WARD : ~~AWAITING REDUCED WIND~~ FURTHER NEWS FOLLOWS

WESTMACOTT : ASSAULT POSTPONED

WYLIE : ~~ATTEMPT DELAYED~~ WEAT

SHERPA ; AWAITING OXYGEN SUPP

ms : SNOW CONDITIONS BAD CAMP
AWAITING IMPROVEMENT
TODAY

mean : SUMMIT REACHED BY HUNT A

8

SNOW CONDITIONS BAD CAMPS

CIFRADOS, CÓDIGOS Y CLAVES

Los cifrados, los códigos y las claves son los componentes básicos de la criptología. Los cifrados cambian las letras individuales para hacer que las palabras sean ilegibles. En un cifrado, la palabra "animal" podría convertirse en "cpkocn" o "gcengx".

Un código afecta a palabras o frases enteras. Por ejemplo, los pilotos de aviones a veces dicen las palabras en clave "Roger that". Esto significa "información recibida".

El trabajo del criptógrafo es muy exigente. Un código o cifrado debe ser complejo, o será descifrado. Pero también debe ser posible que los aliados lo descifren fácilmente. Por ello, los criptólogos crean claves para ayudar a traducir códigos o cifrados específicos.

Una clave puede tener muchas formas. Algunas son libros. ¡Otras son artilugios especiales! Sea cual sea su forma, las claves se utilizan para decodificar el significado oculto de un mensaje.

En 1953, los seres humanos completaron la primera ascensión con éxito del Monte Everest. Un reportero de la expedición utilizó un código (*en la foto*) para evitar que se filtrara la noticia. La frase "condiciones malas de nieve" significaba "cumbre alcanzada".

LA CRIPTOLOGÍA ANTIGUA

El ser humano ha practicado la criptología desde la antigüedad. El primer ejemplo conocido de un texto encriptado procede de la antigua Mesopotamia. El texto data del año 1500 a.C. Estaba escrito en una tablilla de arcilla con una escritura llamada cuneiforme.

El autor del mensaje era un artista. Este antiguo criptógrafo utilizó un cifrado de sustitución para ocultar una receta de esmalte para cerámica. En este tipo de cifrado, se cambia una letra del alfabeto por otra. Así, la receta cifrada era confusa e imposible de entender.

Los antiguos esmaltes se hacían con cuarzo triturado mezclado con minerales azules o verdes.

CTIM destacado - Arte

La Mesopotamia fue el hogar de la civilización sumeria. Los antiguos sumerios escribían glifos cuneiformes grabando líneas en forma de cuña en arcilla blanda. Al cocinar la tableta de arcilla, se endurecía el material. Esto preservaba un escrito importante para que otros lo leyeran.

Esta tablilla de arcilla sumeria muestra registros administrativos.

Una escítala que muestra el nombre "Sophie"

Alrededor del año 700 a.C., los criptógrafos de la ciudad-estado griega de Esparta fueron pioneros en la creación de un nuevo dispositivo criptográfico. La escítala es el primer ejemplo conocido de instrumento diseñado para cifrar y descifrar mensajes secretos.

La escítala era una pequeña vara de madera. Los mensajeros enrollaban una tira de pergamino o cuero alrededor de la vara, cubriendo su longitud, y luego escribían notas a lo largo de la tira. Al desenrollarla, la tira mostraba un revoltijo de letras. Pero si la tira se enrollaba alrededor de la longitud de otra escítala, las filas de letras revelarían el mensaje previsto.

Las escítalas se utilizaban normalmente para enviar mensajes a través de los campos de batalla. El emisor y el receptor del mensaje debían tener escítalas del mismo tamaño y forma. De este modo, se garantizaba que el mensaje se escribiera correctamente.

Un soldado espartano podía llevar una tira de mensajes de escítala como cinturón para ocultar su verdadero propósito.

Un profesor cifra el mensaje "ataque al amanecer" utilizando un cifrado de sustitución simple.

Un documento escrito en hebreo, el idioma de la Biblia del Antiguo Testamento

El cifrado Atbash es un sistema de cifrado del antiguo Israel. Los escribas de la fe judía utilizaron el cifrado para incrustar mensajes secretos en la Biblia del Antiguo Testamento entre el 600 y el 500 a. C.

El cifrado Atbash es un cifrado de sustitución que invierte el orden de un alfabeto. El alfabeto romano, por ejemplo, comienza con la *a* y termina con la *z*. Utilizando el cifrado Atbash, las *a* se sustituirían por *z* en un mensaje escrito. La letra *b* se sustituiría por la *y*, y así sucesivamente.

En aquella época, los judíos solían sufrir persecuciones religiosas. Algunos historiadores creen que el cifrado Atbash pueden haber ayudado a ocultar conversaciones prohibidas. Otros creen que el cifrado era simplemente un estilo de escritura único. Hoy en día, el propósito de las encriptaciones sigue siendo un misterio.

SECRETOS
Y RIVALIDADES

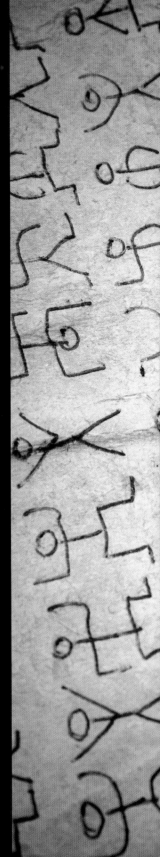

La criptología siempre ha sido una herramienta importante para ocultar información en tiempos de guerra o persecución. Pero en la Edad Media, su función cambió. Los países comenzaron a utilizar la criptología para proteger las relaciones diplomáticas cotidianas con otras naciones.

Hacia el año 1200, los territorios de Italia central competían por el poder y la influencia. Los príncipes que gobernaban estos territorios desarrollaron sistemas de códigos y cifrados privados. Estos sistemas permitían a los príncipes comunicarse con seguridad entre sí y con otros países.

Los criptólogos medievales también comenzaron a construir silabarios. Se trata de listas oficiales de símbolos y palabras clave para representar letras y sílabas. Los criptólogos consultaban un silabario para crear criptogramas o mensajes ocultos. Los silabarios de la Europa medieval influirían mucho en los sistemas de cifrado del futuro.

Un criptograma puede realizarse utilizando un código, un cifrado o una combinación de ambos.

Cuando María, reina de Escocia, estaba cautiva en 1586, intercambió cartas con un amigo, Anthony Babington. Babington deseaba que María escapara y gobernara Inglaterra. Él y María planearon el complot en sus cartas.

Las cartas se encriptaron utilizando lo que ahora se llama el código Babington. El código utilizaba símbolos para representar las letras. También se codificaron varias palabras y frases cortas mediante símbolos.

Phelippes utilizó el análisis de frecuencias para descifrar el código Babington. El análisis de frecuencias es una técnica habitual en el criptoanálisis. Los criptoanalistas detectan patrones en el texto cifrado utilizando la estadística. De este modo, los criptoanalistas pueden identificar letras y palabras comunes que ayudan a romper la encriptación.

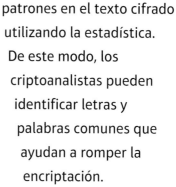

En febrero de 1587, la reina Isabel I emitió una orden para condenar a muerte a María, reina de Escocia.

LA CRIPTOLOGÍA EN EL PUNTO DE MIRA

El análisis de frecuencias fue introducido por primera vez en el año 841 d.C. por el filósofo árabe al-Kindi. Él habló de esa la técnica en su libro *A Manuscript on Deciphering Cryptographic Messages*. Este libro es la obra más antigua que se conserva sobre criptología.

Muchas de las obras filosóficas de al-Kindi estaban influenciadas por el filósofo griego Aristóteles (*en la foto*).

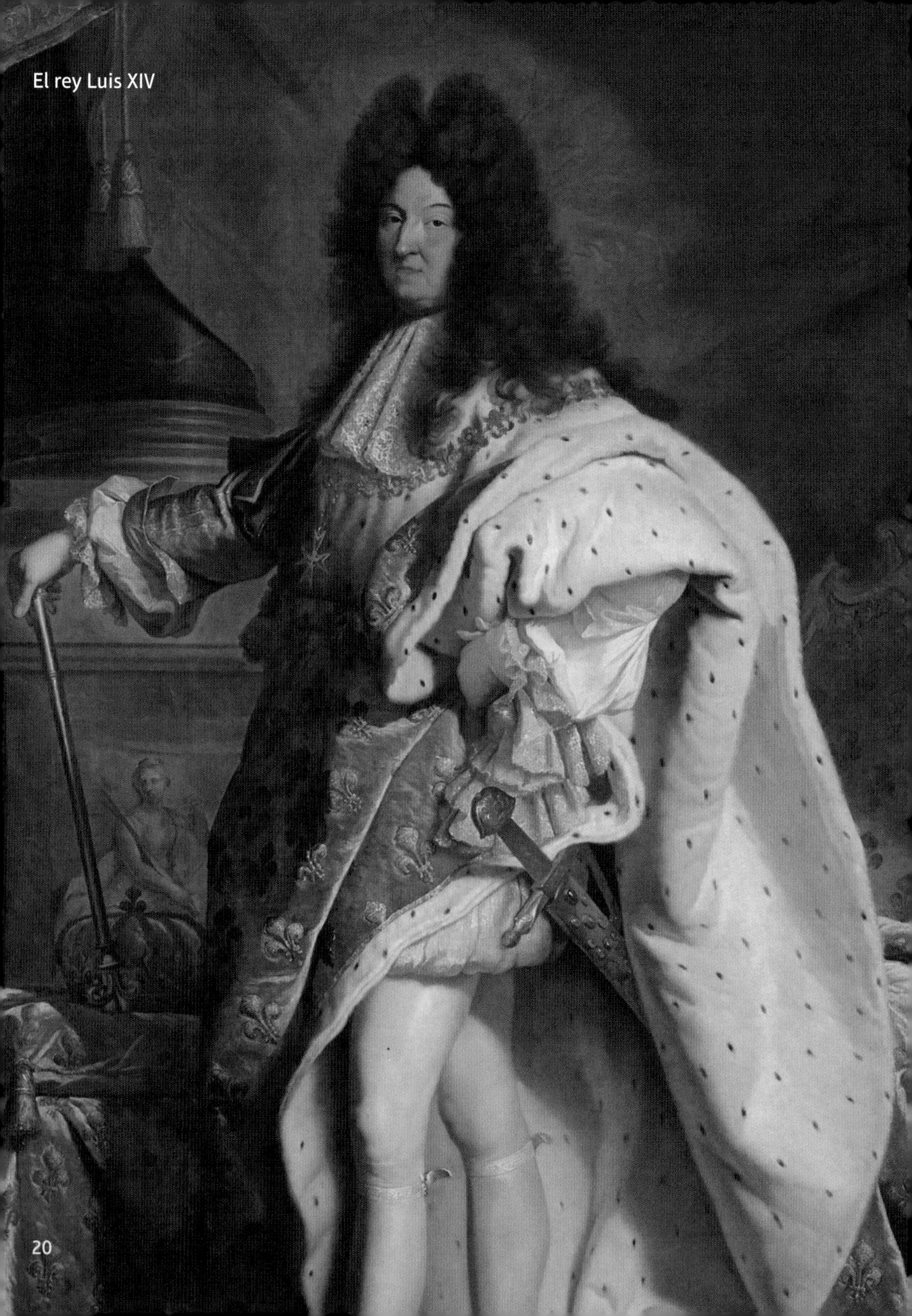

El rey Luis XIV

El rey Luis XIV gobernó Francia de 1661 a 1715. Durante su reinado, invirtió mucho dinero en la criptología. El criptógrafo principal del rey Luis era Antoine Rossignol. Rossignol y su hijo, Buenaventura, trabajaron juntos para construir un sistema de cifrado indescifrable para el rey.

El cifrado se escribía con números. Cada número correspondía a una sílaba en la lengua francesa. Los Rossignol también añadieron trampas al cifrado. Un número no era una sílaba en absoluto. En su lugar, borraba el número que le precedía.

El rey escribió muchas cartas confidenciales utilizando el cifrado. Durante su vida, nunca se descifró. En 1890, el criptoanalista militar Étienne Bazeries contó 587 combinaciones numéricas diferentes en las cartas cifradas. Bazeries trabajó durante más de tres años para descifrar el cifrado.

El cifrado de Rossignol (*en la foto*) y Buenaventura se conoció como el "Gran Cifrado".

CÓDIGOS, CIFRADOS, Y LA GUERRA

En el siglo XIX, la criptografía y el criptoanálisis se consideraban esenciales para una comunicación segura a larga distancia. Esto era especialmente importante en tiempos de guerra.

Alrededor del 1470, el arquitecto italiano Leon Battista Alberti inventó un sistema de cifrado llamado sustitución polialfabética. La sustitución polialfabética cambia continuamente los cifrados dentro de un mensaje. Este sistema de cifrado funciona como parte de un dispositivo circular llamado disco de cifrado.

Un disco de cifrado

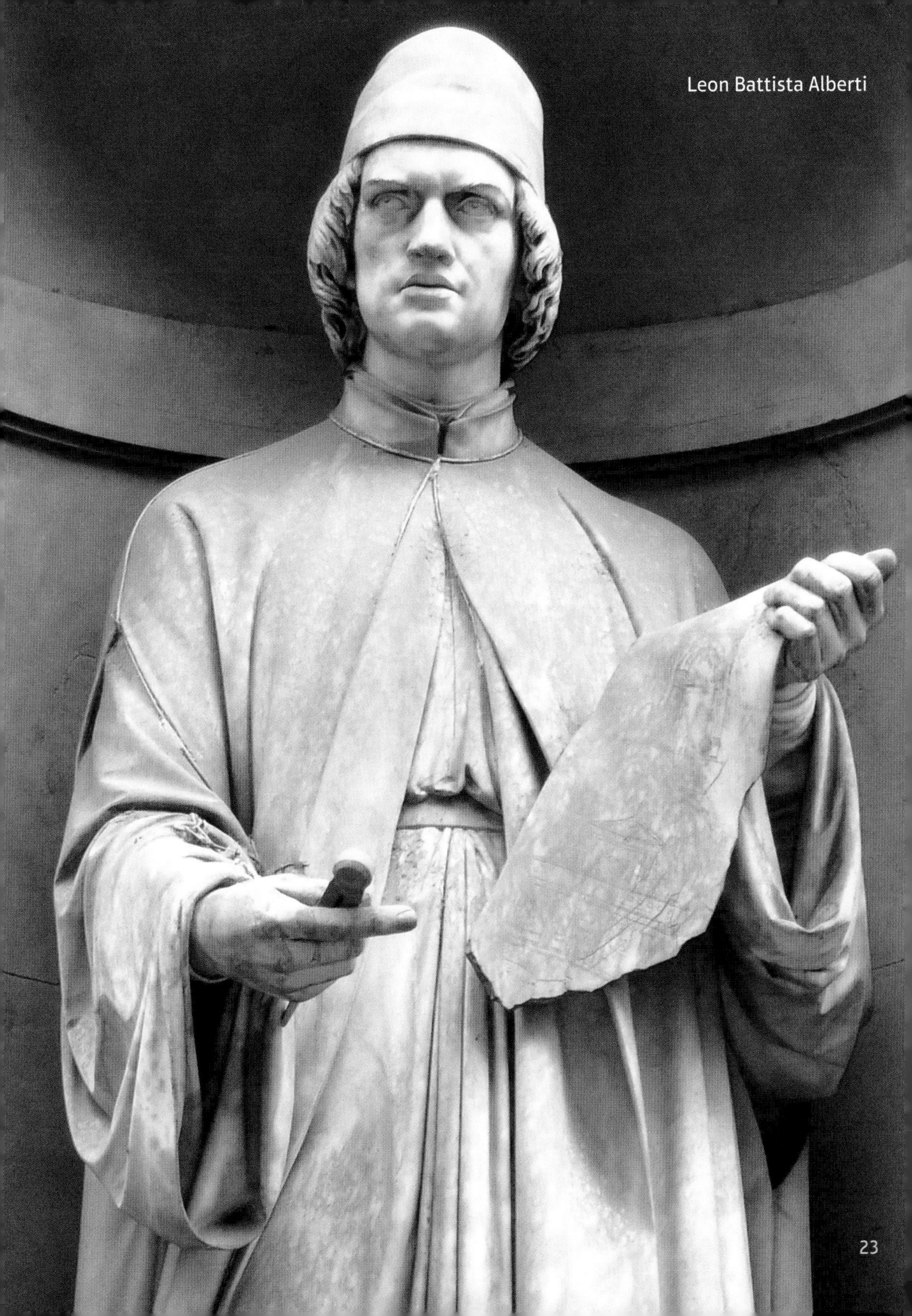

Leon Battista Alberti

Cuatrocientos años después, los oficiales del ejército confederado utilizaron discos de cifrado durante la Guerra Civil estadounidense (1861-1865). Los discos de latón permitían cifrar y descifrar mensajes de forma rápida y segura.

Un disco de cifrado tenía una rueda interior y otra exterior que giraban. Para utilizar el disco de cifrado, los líderes del ejército decidían una palabra clave como, por ejemplo, *lion*. Para enviar el mensaje *hello*, un oficial alineaba la *a* exterior del disco con la primera letra de la palabra clave, *l*. Con esta configuración, la *h* de *hello* se alinearía con la *s* interior. Así, la *s* sería la primera letra del mensaje cifrado.

A continuación, el agente repetiría estos pasos, utilizando *i*, *o*, *n*, y *l* para cifrar *e*, *l*, *l*, y *o*. La configuración del disco, que cambiaba constantemente, hacía que los mensajes fueran mucho más difíciles de descifrar.

CTIM destacado - Tecnología

A finales del siglo XIX, Estados Unidos estaba entrando en un período de industrialización. Las empresas de todo el país estaban desarrollando máquinas para crear productos de forma rápida y barata. Esto permitió fabricar en masa productos como los discos de cifrado.

Las tropas estadounidenses también utilizaron discos de cifrado para encriptar y desencriptar mensajes durante la Guerra Hispano-estadounidense (1898).

A medida que la tecnología avanzaba, también lo hacían los dispositivos criptográficos. En 1939 estalló la Segunda Guerra Mundial (1939-1945) en toda Europa. Las naciones en guerra desarrollaron sistemas de código y cifrado para comunicarse en secreto con sus aliados. El sistema de cifrado alemán se llamaba Enigma.

El texto cifrado de Enigma se generaba utilizando una máquina Enigma. La máquina incluía varios discos giratorios llamados codificadores. Los codificadores creaban un cifrado de sustitución polialfabético.

Los discos de cifrado utilizados durante la Guerra Civil estadounidense tenían dos ruedas giratorias. Pero las máquinas Enigma utilizaban hasta cinco. Las ruedas giraban para cifrar cada letra de un mensaje utilizando un cifrado diferente. Resultaba casi imposible detectar patrones en el texto cifrado de Enigma.

Las máquinas Enigma funcionaban con baterías y eran portátiles.

LA CRIPTOLOGÍA EN EL PUNTO DE MIRA

Alan Turing fue un criptólogo británico que ayudó a descifrar el texto cifrado de Enigma. Turing desarrolló un dispositivo electromecánico llamado bomba. La bomba podía detectar la configuración del codificador de las máquinas Enigma. Este invento llevó finalmente al equipo de Turing a descifrar el cifrado.

Alan Turing

Muchos criptólogos modernos trabajan protegiendo información para gobiernos y grandes empresas.

CONCLUSIÓN

En el siglo XXI, la criptología es principalmente digital. Los sistemas que existen para encriptar la información digital se basan en matemáticas complejas. Pero las reglas de estos sistemas de cifrado digital provienen de la historia de la criptología.

En el futuro, la criptología seguirá evolucionando. Pero los códigos y cifrados clásicos garantizarán la seguridad de nuestra información.

¡Descífralo! Fabrica una escítala espartana

Materiales
dos lápices idénticos
hoja de papel
pegamento en barra
tijeras
cinta adhesiva transparente
bolígrafo

1. Corta tres tiras de papel de 1/2 pulgada (1.3 cm) de ancho.

2. Pega los extremos de las tiras para formar una tira larga.

3. Cuando el pegamento haya secado, enrolla la tira larga alrededor de un lápiz.

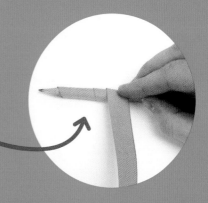

4. Pega con cinta adhesiva el extremo de la tira para fijarla en esa posición.

5. Escribe un mensaje a lo largo de la tira.

6. Desenrolla la tira de papel. Este es tu mensaje secreto.

7. Haz que tu amigo enrolle la tira alrededor de otro lápiz para leer el mensaje.

GLOSARIO

cifrar: ocultar el significado de un mensaje mediante un cifrado. Un mensaje oculto mediante un cifrado es un mensaje cifrado.

clave: la herramienta o recurso que ayuda a una persona a decodificar o descifrar un mensaje oculto

codificar: ocultar el significado de un mensaje mediante un código

complot: un plan secreto para hacer algo

confidencial: privado o secreto

decodificar: revelar el significado de un mensaje codificado

descifrar: revelar el significado de un mensaje cifrado

desencriptar: encontrar el significado oculto de un mensaje

diplomático: persona capacitada para negociar entre diferentes naciones. Algo relacionado con la labor de negociar entre diferentes naciones es diplomático.

encriptar: alterar un mensaje para ocultar su significado. Una vez encriptado, el mensaje oculto se denomina encriptación.

estadística: tipo de matemática que se ocupa de la recopilación y el análisis de datos

glifo: símbolo que comunica información

industrialización: desarrollo de empresas y fábricas en una región o país

receptor: persona que recibe algo

MÁS INFORMACIÓN

Burrows, Terry. *Codes, Ciphers, and Cartography: Math Goes to War*. Mineápolis: Lerner Publications, 2018.

Meyer, Susan. *The History of Cryptography*. Nueva York: Rosen, 2017.

Moore, Gareth. *Codebreaking Activity Adventure*. Washington, DC: National Geographic, 2019.

National Geographic Kids: **Crack the Code**
https://kids.nationalgeographic.com/games/action-and
-adventure/crack-the-code/

NSA: National Cryptologic Museum
https://www.nsa.gov/museum/

The National Archives: Secrets & Spies—Codes and Ciphers
https://www.nationalarchives.gov.uk/spies/ciphers
/default.htm

ÍNDICE